AF388841

COLLECTION DE M. B...

HÔTEL DROUOT, SALLE N° 11

Le Lundi 26 Novembre 1894, à deux heures

TABLEAUX

ANCIENS & MODERNES

AQUARELLES, DESSINS, GOUACHES

GRAVURES ANCIENNES

MEUBLES ANCIENS ET DE STYLE

MARBRE FLORENTIN DU XVI° SIÈCLE

EXPOSITION PUBLIQUE

Le Dimanche 25 Novembre 1894, de 1 h. 1/2 à 5 h. 1/2

COMMISSAIRE-PRISEUR	EXPERT
Mᵉ Paul CHEVALLIER	**M. BERNHEIM JEUNE**
10, rue de la Grange-Batelière, 10	8, rue Laffitte, 8

CONDITIONS DE LA VENTE

La vente sera faite au comptant.

Les acquéreurs payeront *cinq pour cent* en sus des enchères.

L'exposition mettant le public à même de se rendre compte de l'état des objets, aucune réclamation ne sera admise une fois l'adjudication prononcée.

Paris. — Imp. de l'Art, E. Moreau et Cⁱᵉ, 41, rue de la Victoire.

DÉSIGNATION

TABLEAUX, AQUARELLES
DESSINS ET GRAVURES
ANCIENS ET MODERNES

BEAUMONT

30   1 — *Étude.*

     Crayon.

BONFANTI

26   2 — *Vue de la place Vendôme en 1827.*

     Aquarelle.

BOUCHER

53   3 — *Étude.*

     Sanguine.

BOULANGER

35   4 — *Arabes.*

     Crayon.

CASCIARO

5 — Tableaux divers, études et pastels.

CAUCHOIS

6 — *Nature morte.*

CAUCHOIS

7 — *Nature morte.*

COCHIN (Attribué à)

8 — *La Peinture et l'Architecture.*

Dessin allégorique à l'encre de Chine.

CAZIN (Genre de)

9 — *Paysage.*

Aquarelle.

DEFAUX

10 — *La Basse-cour.*

DELACROIX

11 — *Étude.*

Crayon.

DESBOUTIN (Marcellin)

16   12 — *Portrait de Desboutin.*

Pointe sèche.

DÉTAILLE

250   13 — *Étude d'illustration.*

Aquarelle.

DORÉ (G.)

24   14 — *Indien.*

Crayon.

DROGT (J. Van)

250   15 — *Amours.*

Deux dessus de porte.
Grisailles datés 1777.
Cadres en bois sculpté.

FLAMENG (L.)

40   16 — *Étude.*

Plume.

FRAGONARD (H.)

65   17 — *Propos galants.*

Dessin.

FROMENTIN

18 — *Étude.*
Crayon.

GALLAND

19 — *Étude de plafond.*
(Vente Galland.)

GALLAND

20 — *Deux Amours.*
Mine de plomb.
(Vente Galland.)

GALLAND

21 — *Jeune Femme au masque.*
Dessin.
(Vente Galland.)

GAUTHIER (J.)

22 — *Jeune Femme.*
Pastel.

GÉROME

23 — *Étude de femme.*
Crayon.

GRANDVILLE

24 — *Caricatures.*
Dessins à la plume.

HAWKINS

25 — *Étude.*
Aquarelle.

LUMINAIS

26 — *Chevauchée.*
Aquarelle.

HARDIVILLER (D')

27 — *Louise de France.*

KOBBELL

28 — *Le Pâturage.*
Dessin.

LAUTREC (TOULOUSE)

29 — *Le Boucher.*
Grand dessin rehaussé.

LAUTREC (TOULOUSE)

30 — *Le Passage du train.* (*Tambour de basque.*)

LECLERC (Sébastien)

31 — *Étude de tête.*
Sanguine.

LHERMITTE

32 — *Entrée de maison.*
Fusain.

LOUTHERBOURG (J. P. de)

33 — *Zara.*

MANET

34 — *La Baigneuse.*
Aquarelle.

MANET

35 — *Huîtres et citron.*
Aquarelle.

MANET

36 — *Pêcheuse.*
Dessin rehaussé d'aquarelle.

MANET

37 — *Jeune Femme.*
Aquarelle.

MARIE (Ad)

38 — *Étude.*

Aquarelle.

MEISSONIER

39 — *La Tapisserie.*

Une jeune femme, en costume Louis XV, de trois-quarts à gauche, est assise devant son métier de tapisserie. De la main gauche, elle soutient le canevas, tandis que de la droite, le petit doigt détaché, tire l'aiguille de soie avec une élégance naturelle.

Sur les bords du métier pendent les écheveaux ; la figure se détache sur un fond accentué.

Dessin à la sanguine rehaussé de gouache. (Année 1853).

(Vente Meissonier, n° 581.)

MEISSONIER

40 — Dans un même cadre :

Frontal de profil et crinière de cheval. (1877).

Cuirassier criant, profil à gauche. (1887).

Une Tête de cheval, presque de face, les naseaux inachevés. (1874).

Dessins à la mine de plomb.
(Vente Meissonier, n°ˢ 816, 817, 818.)

MEISSONIER

430 41 — *Étude pour un cuirassier.*

> Un torse de cuirassier, de face, la tête renversée à gauche, vu en raccourci; le bras droit levé serrant la poignée du sabre.
>
> Aquarelle.
>
> Sur la même feuille blanche, d'autres croquis de cuirassiers et de mains droites.
>
> Étude pour le *1807*. (Année 1887).
>
> (Vente Meissonier, n° 459.)

MEISSONIER

0 42 — *Étude de femme.*

> Croquis à la sanguine sur papier vergé à fond rose.
>
> (Vente Meissonier, n° 654.)

MILLET

80 43 — *Étude.*

> Plume.

MOREAU DE TOURS

17 44 — *Étude.*

> Plume.

MUNKACSY

48 45 — *Marine.*

> Fusain.

RAFFET
46 — *Étude de bataille.*
Crayon.

RAFFET
47 — *Bastion.*
Aquarelle.

RAFFET
48 — *Assaut.*
Aquarelle.

RAFFET
49 — *Campement dans la neige.*
Aquarelle.

ROYBET
5o — *Étude.*
Crayon.

RUSSEL (École Anglaise)
51 — *Jeune Fille au mouton.*
Pastel.

THÉAULON
52 — *Etude.*
Sanguine.

THÉVENOT
53 — *Pêches et raisins.*

THÉVENOT

300 54 — *Vue prise à St-Malo.*

THÉVENOT

400 55 — *Vue de la Terrasse à Nemours.*
Cadre en bois sculpté.

THÉVENOT

600 56 — *Le Chagrin.*
Pastel.

THÉVENOT

72 57 — *La Bretonne.*

THÉVENOT

120 58 — *Mademoiselle C.*
Pastel.

TOURNY

405 59 — *L'Été (Tête de femme).*
Aquarelle.

TOURNY

485 60 — *L'Hiver (Tête de femme).*
Aquarelle.

TOURNY (D'après HOLBEIN)

61 — *Tête de vieux savant.*

Aquarelle.

TOURNY (D'après TERBUR;)

62 — *Les Servantes.*

Aquarelle.

TOURNY (D'après)

63 — *Tête Médicis.*

Aquarelle.

TOURNY (D'après)

64 — *Descente de croix.*

Aquarelle.

TOURNY (D'après)

65 — *Jeune Seigneur.*

Aquarelle.

TROYON (École de)

66 — *Étude.*

Crayon.

VERNET (École de)

67 — *L'Embarquement.*

VOILLEMOT

68 — *Étude.*

Sanguine.

VOILLEMOT

69 — *Étude.*

Sanguine.

VOILLEMOT

70 — *Étude.*

Crayon.

ÉCOLE FRANÇAISE

71 — *Le Parc.*

Gouache dans le genre de G. de Saint-Aubin.

ÉCOLE FRANÇAISE

72 — *Les deux ramoneurs.*

Gouache dans le genre de Saint-Aubin.

ÉCOLE FRANÇAISE

73 — *Le Louvre.*

Belle gouache dans le genre de G. de Saint-Aubin.

Cadre en bois sculpté.

ÉCOLE FRANÇAISE

74 — *La Chasse au canard.*

Gouache.

ÉCOLE FRANÇAISE

75 — *Fantaisies.*

Deux pendants dans le genre de Fragonard.
Cadre en bois sculpté.

ÉCOLE FRANÇAISE

76 — Jolie gouache dans le genre de Blaren-
berghe, avec multitude de personnages.

ÉCOLE FRANÇAISE

77 — *Sujet de chasse.*

Petite gouache.
Signée Kellen, 1779.

ÉCOLE FRANÇAISE

78 — *Jeune femme.*

Dessin attribué à Mlle Gérard.

ÉCOLE FRANÇAISE

79 — *Cavaliers.*

Deux dessins attribués à Carl Vernet.

ÉCOLE FRANÇAISE

80 — *La Promenade.*

Dessin à l'aquarelle attribué à Saint-Aubin.

ÉCOLE FRANÇAISE

81 — Dessin pour carnet de bal.

Signé Eisen.
Cadre en bois sculpté.

ÉCOLE FRANÇAISE

82 — *Plan de Paris colorié.*

Dressé par Lattré, 1770, gravé par L. Chal-
mandrier.
(Vente Burty.)

ÉCOLE FRANÇAISE

83 — *Paysage avec cours d'eau.*

Gouache dans le genre de L. Moreau.

---

84 — Broderie peinte.

85 — Soixante-quinze gravures, par Demarteau,
aux trois crayons et à la sanguine, d'après

Watteau, Boucher, Huet, etc. Belles épreuves encadrées. Ce numéro sera divisé.

86 — Gravures diverses anciennes des Écoles française et anglaise, en couleurs et en noir. Ce numéro sera divisé.

87 — Gravures en couleur d'après Boilly et Boucher.

88 — Tableaux, gravures et objets divers non catalogués.

MEUBLES ANCIENS ET MODERNES

89 — Buffet ancien à décors espagnols Henri IV, surmonté d'une terre cuite et de deux vases italiens.

90 — Deux encoignures ornées de cuivres.

91 — Beau marbre florentin du XVIᵉ siècle représentant un sujet de fontaine.

92 — Tête d'amour, bronze romain repoussé du XVIᵉ siècle.

93 — Deux glaces époque Louis XV à ornements rocaille.

94 — Canapé époque Louis XV, bois sculpté.

95 — Deux petits bronzes se faisant pendants. Dusquesnois.

96 — Commode époque Louis XVI garnie de cuivre.

97 — Paravent japonnais à quatre feuilles, en soie brodée.